AF144170

BEI GRIN MACHT SICH IHR WISSEN BEZAHLT

- Wir veröffentlichen Ihre Hausarbeit,
  Bachelor- und Masterarbeit

- Ihr eigenes eBook und Buch -
  weltweit in allen wichtigen Shops

- Verdienen Sie an jedem Verkauf

Jetzt bei www.GRIN.com hochladen
und kostenlos publizieren

Jennifer Brandscheidt

Literaturbericht zu "Transitional Justice" - ein Vergleich

GRIN Verlag

Bibliografische Information der Deutschen Nationalbibliothek:

Die Deutsche Bibliothek verzeichnet diese Publikation in der Deutschen National-
bibliografie; detaillierte bibliografische Daten sind im Internet über http://dnb.d-
nb.de/ abrufbar.

Impressum:

Copyright © 2011 GRIN Verlag GmbH
Druck und Bindung: Books on Demand GmbH, Norderstedt Germany
ISBN: 978-3-656-03284-7

Dieses Buch bei GRIN:

http://www.grin.com/de/e-book/180452/literaturbericht-zu-transitional-justice-ein-
vergleich

GRIN - Your knowledge has value

Der GRIN Verlag publiziert seit 1998 wissenschaftliche Arbeiten von Studenten, Hochschullehrern und anderen Akademikern als eBook und gedrucktes Buch. Die Verlagswebsite www.grin.com ist die ideale Plattform zur Veröffentlichung von Hausarbeiten, Abschlussarbeiten, wissenschaftlichen Aufsätzen, Dissertationen und Fachbüchern.

Besuchen Sie uns im Internet:

http://www.grin.com/

http://www.facebook.com/grincom

http://www.twitter.com/grin_com

Otto-von-Guericke Universität Magdeburg

Fakultät für Geistes-, Sozial- und Erziehungswissenschaften

Institut für Politikwissenschaft

Transitional Justice

Literaturbericht

Abgabe: 01.09.2011

Inhalt

1. Einleitung

Das Konzept der Transitional Justice erfreut sich seit den 1990er Jahren einer großen Beliebtheit, wird es doch als eine Art Werkzeugkasten angesehen, mit dessen Hilfe der Übergang von einem gewaltsamen Konflikt oder diktatorischen Regime zu einer friedlichen, demokratischen Gesellschaft gestaltet werden kann. Sowohl in der wissenschaftlichen Forschung als auch in der politischen Praxis beschäftigt sich eine Vielzahl von staatlichen sowie nichtstaatlichen Akteuren intensiv mit den Möglichkeiten, die ihnen dieses Konzept bietet – besonders die Entwicklungszusammenarbeit hat sich dem Thema angenommen. Ganze Forschungszentren wurden für diesen Bereich gegründet wie beispielsweise das International Center for Transitional Justice (ICTJ), das seit nunmehr 10 Jahren existiert. In Deutschland beschäftigt sich besonders das Zentrum für Konfliktforschung an der Philipps-Universität Marburg mit Transitional Justice (*fortan:* TJ); insbesondere Susanne Buckley-Zistel publizierte zahlreiche Schriften, in denen sie sich kritisch mit dem Thema auseinandersetzt. Aufgrund ihrer enormen Bedeutung für das deutsche Forschungsfeld und angesichts der Schwierigkeit, analytische Schriften zu diesem Thema zu finden, sollen hier zwei Texte von ihr kritisch analysiert werden[1]. Der erste stammt aus dem Jahr 2008 und der zweite wurde 2011 zusammen mit Anke Oettler als Beitrag für einen von Buckley-Zistel herausgegebenen Sammelband veröffentlicht. Diese beiden Aufsätze werden im Folgenden separat analysiert. Dabei wird zunächst die These, d.h. die Zielsetzung sowie das Hauptargument des Textes herausgearbeitet. Danach wird die Struktur genauer betrachtet – wie gehen die Autorinnen bei der Bearbeitung der Fragestellung vor? Daraufhin wird Kritik an dem Text geübt – hierbei wird die Nachvollziehbarkeit von Argumentation und Logik diskutiert. In einem Fazit werden dann beide Publikationen gegenübergestellt und Ähnlichkeiten ebenso wie Unterschiede herausgearbeitet.

2. Buckley-Zistel 2008: Transitional Justice als Weg zu Frieden und Sicherheit

2.1 These

Buckley-Zistel beschäftigt sich in diesem Text mit der Frage, welchen Einfluss TJ nach Konflikten haben kann und inwiefern das Konzept tatsächlich zur Etablierung von Sicherheit und Frieden beiträgt. Ziel ihrer Schrift ist es, die Anwendbarkeit des in den westlichen Ländern entwickelten TJ-Konzeptes auf nicht-westliche Nachkriegsgesellschaften zu

---

[1] Wissenschaftliche Auseinandersetzungen mit dem Thema zu finden, stellt eine große Schwierigkeit dar, da viele Publikationen lediglich Leitfäden zur praktischen Arbeit mit TJ sind.

analysieren. Die Autorin selbst sieht ihr Paper als erforschende Bestandsaufnahme mit dem „Bestreben, die oft recht unkritische Perzeption von (und Forderung nach) Transitional Justice zu bremsen und zum Nachdenken über Stärken und Schwächen des Konzeptes anzuregen" (Buckley-Zistel 2008, 5). Ihr Hauptargument ist, dass langfristiger Frieden und Stabilität nach Konflikten nur gesichert werden können, wenn die Beziehungen zwischen den Konfliktparteien verbessert werden. Dies könne aber nur dann geschehen, wenn die Art der Erinnerung an die Vergangenheit die Parteien mit ihren unterschiedlichen Identitäten wieder näher zueinander bringt.

2.2 Struktur

Um ihre Frage zu beantworten und ihr Hauptargument zu überprüfen, widmet Buckley-Zistel anschließend an die Einleitung ein Kapitel der Definition und dem Ursprung des Konzeptes. Sie argumentiert, dass der Begriff TJ in den 1990ern erstmals verwendet wurde und sich dadurch auszeichne, dass er die Übergangsphase in Nachkriegsgesellschaften „eng mit dem Streben nach Gerechtigkeit verknüpft" (Buckley-Zistel 2008, 6). Danach behauptet sie, TJ beruhe auf der Annahme, dass Kriegsverbrechen und Menschenrechtsverletzungen aufgearbeitet werden müssen, damit eine Gesellschaft den Übergang zu Frieden und Sicherheit bewältigen kann; daher habe TJ mehrere Ziele, u.a.: die Wahrheit über Verbrechen aufdecken, die Würde der Opfer wiederherstellen, Aussöhnung, etc. (vgl. ebd.).

Es folgt ein historischer Überblick über die Entwicklung des Konzeptes, mit dem sie u.a. nachweist, dass die Ursprünge von TJ weiter zurück reichen als in die 1990er, denn schon das Militärtribunal von Nürnberg habe Ziele verfolgt, die mit heutigen TJ-Zielen gleichzusetzen seien. Aus dem historischen Überblick heraus zieht Buckley-Zistel den Schluss, dass TJ ein weiterentwickeltes Konstrukt ist, das sich aufgrund des globalen Trends zur Demokratisierung zu dem entwickelt hat, was wir heute unter TJ verstehen.

Im nächsten Abschnitt beschreibt sie die Bedeutung von TJ in Deutschland. Innerhalb Deutschlands sei die Diskussion zur Vergangenheitsbewältigung, insbesondere zur Aufarbeitung der NS-Diktatur, weit fortgeschritten; allerdings liege Deutschland bei der Debatte über TJ im internationalen Bereich zurück, da es nur vereinzeltes wissenschaftliches Interesse gäbe. Lediglich die deutsche Entwicklungszusammenarbeit nutze das Konzept, beispielsweise die Arbeitsgemeinschaft Frieden und Entwicklung (FriEnt) (vgl. ebd., 7-8).

In einem weiteren Kapitel beschäftigt sich die Autorin mit der Frage, warum die Verbesserung der Beziehung der Konfliktparteien für den Erfolg von TJ so wichtig ist. Sie stellt fest, dass nach innerstaatlichen Konflikten zunächst Sicherheit wiederhergestellt werden müsse. Dafür benötige es staatliche Institutionen, die innerhalb der Nation verhandelt werden müssten, damit ein Vertrauen in eben diese Institutionen aufgebaut werden kann. Da Konflikte sich nicht nur anhand von Interessen entwickeln, sondern immer eine Identitätskomponente enthalten, müssten eben diese geändert werden, damit der Konflikt als langfristig beendet angesehen werden kann (vgl. ebd., 8).

Das vierte Kapitel thematisiert die Formen und Funktionen von TJ-Instrumenten. Da es viele verschiedene Instrumente gibt, bezieht sich Buckley-Zistel im Rahmen ihrer Studie nur auf die gemeinsame normative Basis aller Instrumente: Gerechtigkeit und Wahrheit. Unter Gerechtigkeit versteht sie die Bemühungen, mit den Folgen eines Konfliktes umzugehen, beispielsweise im Rahmen strafrechtlicher Aufarbeitung des Geschehens durch nationale oder internationale Gerichtshöfe. Im Rahmen dieses Abschnittes werden die Funktionsweisen von Gerichtshöfen wie des International Criminal Court (ICC) erörtert sowie verschiedene Tribunale aufgezählt. Ziel von Gerichtshöfen sei die Richtigstellung von vergangenem Unrecht, die Anerkennung von erlittenem Leid und die Abschreckung vor zukünftigen Gewalttaten (vgl. ebd., 10-11). Allerdings stellt Buckley-Zistel in Frage, dass Prozesse die Beziehungen der Konfliktparteien verbessern und befürchtet sogar ferner, dass sie zu einer Verschlechterung dieser Beziehungen führen. Sie argumentiert, dass es in einer Nachkriegsgesellschaft viele verschiedene Akteure gäbe, die unterschiedliche Interessen verfolgen, wodurch es mehrere Formen von Gerechtigkeit gäbe. Die Frage sei, welche Gerechtigkeit durch die Rechtsprechung ausgeübt werde. „Die Interessen der Gruppe, die bei der Erstellung und Durchführung der Verfahren die stärkste Position hat und den vorherrschenden Diskurs nominiert, setzen sich meist auch im Ergebnis der Gerichtsverfahren durch und führen oft zu einem einseitigen Schaffen von Gerechtigkeit und zu Verbitterung bei der anderen Konfliktpartei" (ebd., 12). Dadurch werde der Übergang zu einer nachhaltig friedfertigen Gesellschaft erschwert. Weiter müsse zwischen ausgleichender Gerechtigkeit, bei der es um die Vergeltung einer Straftat geht, und wiedergutmachender Gerechtigkeit, welche die Wiederherstellung der sozialen Beziehungen zwischen Konfliktparteien bezeichnet, unterschieden werden (vgl. ebd., 13).

Eine weitere Herausforderung für Gerichtshöfe sieht Buckley-Zistel darin, dass „vor allem in nicht-industrialisierten Gesellschaften die vom Konflikt betroffenen Menschen oft fernab von

Gerichtsprozessen leben und von ihren Entscheidungen, oder sogar von ihrer Existenz, kaum etwas mitbekommen" (ebd., 14). Die Lösung hierfür könne in Dorftribunalen liegen, die traditionelle Methoden der Strafverfolgung nutzen (vgl. ebd.).

Daran anschließend diskutiert sie das Konzept der Wahrheit. Diese soll durch das TJ-Instrument der Wahrheitskommissionen in Erfahrung gebracht werden. Wahrheitskommissionen werden definiert als „zeitlich begrenzte Einrichtungen, die durch individuelle Zeugenaussagen die Vergehen eines gewaltsamen Regimes oder Konflikts enthüllen und Repressionsmuster und Diskriminierung […] aufdecken" (ebd., 15). Ein Problem allerdings sei, dass nach Konflikten oftmals die Aussöhnung im Vordergrund stehe und um des Friedens willen auf Wahrheitskommissionen verzichtet werde (vgl. ebd., 16). Bei diesen Institutionen gäbe es ein ähnliches Problem wie bei der Gerechtigkeit: nicht jede Wahrheit sei erwünscht. Oft sei nur diejenige akzeptiert, die in das Konzept der Versöhnung passe[2]. Außerdem werde auch hier die ländliche Bevölkerung nicht miteinbezogen, d.h. sie könne häufig nicht zur Wahrheitsfindung beitragen oder von ihren Konflikterfahrungen berichten. Ebenfalls könne das Aufdecken von Wahrheit die Beziehungen zwischen den Konfliktparteien verschlechtern und die Konflikte verschärfen, was beispielsweise in Südafrika geschehen sei (vgl. ebd., 17-18).

Im letzten Kapitel zieht Buckley-Zistel ihr Fazit. Sie kommt zu dem Schluss, dass TJ-Maßnahmen nicht uneingeschränkt zu Frieden beitragen können. Weiterhin macht sie auf die normativen Dimensionen von Gerechtigkeit und Wahrheit aufmerksam und zeigt auf, dass diese Dimensionen zu erneuten Konflikten führen können, weil Nachkriegsgesellschaften kein unbeschriebenes Blatt darstellen, sondern immer die Spannungen beinhalten, die den Konflikt verursacht haben. Daher gäbe es für Nachkriegsgesellschaften keine sogenannte ‚Stunde Null'. Weiter weist sie darauf hin, dass TJ ein ambivalentes und politisches Konzept sei und warnt davor, es als Garantie für Frieden und Stabilität anzusehen (vgl. ebd., 19).

2.3 Kritik

Die Studie ist logisch gegliedert und die Argumentation nachvollziehbar. Buckley-Zistel erklärt die verschiedenen Konzepte der TJ und beschreibt dann Beispiele und Probleme. Insbesondere die zahlreichen angeführten Beispiele verdeutlichen die Problematiken des Themas und unterstützen die Argumentation und Beweisführung. Die in der Einleitung

---

[2] Beispielsweise das Konzept zur Vergangenheitsaufarbeitung, das von der Regierung geplant wurde.

gestellte Frage wird im Fazit beantwortet und wiederholt im Fließtext aufgegriffen. Allerdings werden die Länderbeispiele mit den Konflikten und Maßnahmen nicht ausreichend erläutert, sondern das Wissen über die Vorgänge in verschiedensten Staaten und Konfliktsituationen vorausgesetzt. Dadurch ist es für den Leser oftmals schwierig, bestimmte Passagen und Argumentationsstränge nachzuvollziehen. Desweiteren gibt Buckley-Zistel keine klare Arbeitsdefinition von TJ, was die Überprüfbarkeit ihrer Fragestellung erschwert. In der Einleitung schränkt sie diese auf Konflikte ein, d.h. sie lässt die Dimension der Diktaturaufarbeitung heraus, begründet dies allerdings nicht. Weiterhin grenzt sie die Art von Konflikten, auf die sie sich fokussiert, nicht ein. Im Verlauf des Textes wird deutlich, dass sich die Autorin auf innerstaatliche Konflikte bezieht. Indes gibt es auch Konflikte zwischen Staaten, die sie zwar nicht thematisiert, bei denen aber auch interessant wäre, inwiefern sie von TJ miteinbezogen werden oder können.

An verschiedenen Stellen fehlt der Rückbezug zur Fragestellung, der im Rahmen eines Satzes am Kapitelende hätte hergestellt werden können. Dadurch wird die Nachvollziehbarkeit erschwert, da die Fragestellung bei der deskriptiven Diskussion von Dimensionen wie Wahrheit oder Gerechtigkeit verloren geht. In diesem Zusammenhang ist auch die Funktion einiger Absätze im Text nicht immer deutlich; beispielsweise die Darstellung der TJ-Debatte in Deutschland. Warum dies im Text erwähnt wird ist unklar, denn für die Fragestellung ist dies nicht relevant.

Es fällt auf, dass es beinahe nur Kritik an TJ-Maßnahmen gibt. Dadurch wirkt die Argumentation teilweise einseitig. Es stellt sich indessen die Frage, ob es nicht auch mehr positive Erfahrungen gibt; Argentinien beispielsweise stellt einen Fall dar, indem TJ gut funktioniert hat und die angesprochenen Probleme überwunden werden konnten.

Im Fazit wurde zwar auf die normative Dimension von TJ hingewiesen, allerdings fehlt dies komplett in der Analyse, obwohl es in der Einleitung angekündigt worden war. Es hätte mehr hinterfragt werden können, wo die Unterschiede zwischen westlichen und nicht-westlichen Nachkriegsgesellschaften bestehen und welche Probleme diese für TJ ergeben. Auch die lokale Anerkennung von diesem westlichen Konzept in anderen Ländern wurde nicht erwähnt. Dafür hätte es evtl. einen eigenen Theorieteil gebraucht.

3. Buckley-Zistel/Oettler 2011: Was bedeutet: Transitional Justice?

3.1 These

Zu Beginn des Textes weisen Buckley-Zistel und Oettler darauf hin, dass sich TJ damit beschäftige, „vergangenes Unrecht während Diktaturen oder gewaltsamen Konflikten anzugehen, um den Übergang – also die Transition – zu einer friedlichen Zukunft zu ermöglichen. Dabei wird angenommen, dass die Phase des Übergangs eng mit dem Streben nach Gerechtigkeit verbunden sein muss..." (Buckley-Zistel/Oettler 2011, 21). Ziel dieses Aufsatzes ist die Entfaltung der semantischen und konzeptionellen Basis des Modells sowie das Aufzeigen seiner sich verändernden Bedeutung. Die Möglichkeiten und Grenzen von TJ sollen analysiert werden, wobei auch unterschiedliche Sichtweisen mit einbezogen werden sollen.

3.2 Struktur

Zunächst beginnen die Autorinnen mit einer Übersicht über den Prozess der bundesdeutschen Vergangenheitspolitik nach dem Zweiten Weltkrieg. Anhand dessen erläutern sie die begrifflichen Dimensionen für den Umgang mit der Vergangenheit. Sie stellen voran, dass die Diskussion in Deutschland vor allem durch die Ablehnung einer aktiven Bearbeitung vorangebracht worden sei. Anhand dieser Abwehr werden verschiedene psychoanalytische Begriffe zum Umgang mit der Vergangenheit diskutiert: Einerseits gäbe es die psychische Verarbeitung des Vergangenen. Andererseits seien aber auch die ‚Durcharbeitung', die „sich auf jene psychische Arbeit bezieht, die die Überwindung von Verdrängtem ermöglicht" (Buckley-Zistel/Oettler 2011, 23) sowie die ‚Trauerarbeit', die „nach dem Verlust eines Beziehungsobjektes einsetzt" (ebd.) von Bedeutung. All diese Begriffe definieren, was Personen machen müssen, um die Vergangenheit zu erkennen und zu akzeptieren. Dies sei notwendig, um Vergangenheit zu ermöglichen (vgl. ebd., 22-23).

Das darauffolgende Kapitel gibt einen historischen Überblick über die Entwicklung des Begriffs TJ. Die Disziplin habe sich bereits in den späten 1980er Jahren etabliert; allerdings habe es den Begriff TJ damals noch nicht gegeben. Eine Vielzahl von Begriffen, auch aus dem deutschen Sprachgebrauch, sei diskutiert worden, um dem Forschungszweig einen Namen zu geben. Es habe mehrere Phasen der begrifflichen Entwicklung gegeben, an deren Ende der Begriff TJ stand, welcher die Dimension der Gerechtigkeit in den Vordergrund stelle und nach Ansicht der Autorinnen die Übersetzung des deutschen Begriffes der Vergangenheitsaufarbeitung darstellt (vgl. ebd., 24-25).

Anschließend werden aktuelle Tendenzen und Problemfelder der TJ-Praxis thematisiert. In diesem Zusammenhang erörtern die Autorinnen die Ziele und Funktionsweisen von Strafgerichtshöfen und Wahrheitskommissionen. Beide Instrumente produzieren eine bestimmte Version der Vergangenheit bzw. eine bestimmte Wahrheit und stellen diese dann als kriminell dar. Eben dies könne Konflikte zwischen den ehemaligen Kontrahenten verstärken (vgl. ebd., 27-28). Weiterhin werden neuere Bemühungen wie Zeugenbetreuungsprogramme und das sogenannte ‚outreach‘ erwähnt, welches versucht, TJ in zentrale Lebensbereiche wie Schulen zu etablieren. Ferner wird in diesem Kapitel ein Gender-Ansatz eingebracht. Durch internationale Tribunale würden beispielsweise sexuelle Verbrechen mittlerweile völkerrechtlich geahndet. Allerdings merke die feministische Kritik an, dass andere Formen von Gender-basierter Gewalt beispielsweise gegen HIV-Infizierte, Homosexuelle, Prostituierte, etc. nach wie vor nicht thematisiert oder gar verurteilt werde (vgl. ebd., 28).

Danach widmen sich Buckley-Zistel und Oettler dem normativen Gehalt von TJ, wobei ihr Hauptaugenmerk auf den Eckpfeilern des Konzeptes liegt, welche die Dimensionen Gerechtigkeit, Versöhnung und Wahrheit bilden. Gerechtigkeit basiere auf Normen und Werten, die allgemein verbindlich seien und daher die Grundlage für Sanktionen von Menschenrechtsverletzungen oder ähnlichen Verbrechen darstelle. Allerdings werde in der Praxis unterschieden, welche genauen Verbrechen von TJ-Maßnahmen sanktioniert werden. Daher kritisieren die Autorinnen, „dass die Kriminalisierung von bestimmten Kriegshandlungen durch internationale Strafgerichtshöfe impliziere, nur diese als illegitim zu betrachten. So gelten andere Formen des Tötens als akzeptabel" (ebd., 29). Das Problem hierbei sei, dass Kriege gerechtfertigt werden können, wenn die dortige Gewalt den westlich geprägten Vorstellungen von Gewalt entspreche. Ein großes Problem bestehe darin, dass die Kriminalisierung von Verbrechen dazu führen könnte, „politisch motivierte Konflikte zu entpolitisieren und die Täter ‚nur‘ als barbarische Gewalttäter darzustellen und nicht als politisch motivierte Akteure oder Akteurinnen" (ebd.). Weiterhin würden nur öffentliche Akteure und Formen von Gewalt geahndet und nicht Gewalt im privaten Raum, was einen weiteren Punkt feministischer Kritik darstelle (vgl. ebd., 30).

Daraufhin unterscheiden die Autorinnen zwei Formen von Gerechtigkeit, die strafende und wiederherstellende Gerechtigkeit, und argumentieren, dass sich diese beiden Konzepte in der praktischen Arbeit oftmals gegenüberstünden. Die wiederherstellende Gerechtigkeit werde oft mit Versöhnung gleichgesetzt. Allerdings beruhe der Gehalt von Versöhnung häufig auf einer religiösen Sichtweise, die für nicht-christliche Gesellschaften oftmals nicht nachvollziehbar sei. Daher schlagen die Autorinnen vor, Versöhnung als ein politisches Mittel zur Verbesserung der Beziehungen zwischen den Konfliktparteien nach extremer Gewalt anzusehen (vgl. ebd., 31).

Dann widmen sich Buckley-Zistel und Oettler dem Konzept der Wahrheit. Diese soll eine „Basis für eine sich neu, auf der Aufklärung der Vergangenheit aufbauende[n] Gesellschaft" bilden (ebd.). Allerdings könne es eine Wahrheit in fragmentierten Gesellschaften nicht geben, denn jede Partei habe ihre eigene Version des Vergangenen. Selbst wenn sich die Gesellschaft auf eine einzige Wahrheit einigen könne, bliebe die Frage, wer die Verantwortung für die aufgedeckten Verbrechen trägt. Die Autorinnen stellen heraus, dass der Prozess der Wahrheitsbildung „einer Art narrativer Mediation verhärteter Standpunkte gleichkommt, die sich positiv auf das zukünftige Zusammenleben auswirken kann" (ebd., 32).

Im letzten Absatz diskutiert der Text noch den Begriff der ‚Transition' vor dem Hintergrund seines normativen Gehaltes. Transition verweise auf das Ziel von TJ, den Übergang zu einer Demokratie zu unterstützen. Dementsprechend „impliziert der Begriff der transitional justice nicht zuletzt ein Konzept von Fortschritt und sozialem Wandel, das die demokratische Staatenwelt als entwickelte soziale Ordnungen begreift. Repressive Regime hingegen werden als rückständige Ordnungen begriffen, die allmählich von Demokratien (und sozialen Marktwirtschaften) abgelöst werden bzw. abzulösen sind" (ebd., 33).

Im Fazit geben die Autorinnen zu bedenken, dass man bei den Diskussionen über TJ immer beachten müsse, dass es sich dabei nicht um ein objektives Konzept handele. TJ stelle sich auf die Seite der Opfer und sei immer politisch motiviert, da seine Prozesse in institutionellen Kontexten mit etablierten Strukturen stattfänden. Auch würden nie die Interessen aller Akteure vertreten. Die Autorinnen kommen zu dem Schluss, dass TJ ein Konstrukt ist, das vor allem in westlichen Strukturen entwickelt wurde, auch wenn es vermehrt in nicht-westlichen Gesellschaften angewendet werde. Welche Folgen dies hat, können die Autoren nach eigenen Angaben im Rahmen dieses Aufsatzes nicht behandeln (vgl. ebd., 34-35).

3.3 Kritik

Der Text ist nachvollziehbar und logisch gegliedert. Eine für den Aufsatz geltende Arbeitsdefinition von TJ wird gleich zu Anfang gegeben. Das Ziel, die Möglichkeiten und Grenzen der Umsetzung des Konzepts zu diskutieren, wird größtenteils verfolgt, allerdings werden die Möglichkeiten immer sehr knapp wiedergegeben, was die Frage aufkommen lässt, ob es nicht mehr Möglichkeiten des Konzeptes gibt. Viele Teile des Textes sind sehr knapp formuliert und erinnern teilweise an eine Aneinanderreihung, wodurch das Verständnis erschwert wird. Insbesondere die Diskussion über die Begriffe und die Nachkriegszeit in der Bundesrepublik ist schwer verständlich, da sie nicht klar untergliedert ist und jeder Begriff in maximal einem Satz erklärt wird. Ebenso werden die verschiedenen Phasen der Entwicklung des Begriffs TJ nicht deutlich gekennzeichnet. Unterschiedliche Sichtweisen auf die verschiedenen Themen des Artikels werden miteinbezogen, z.B. die feministische Kritik an Tribunalen, was eine kritische Reflexion unterstützt.

Die Autorinnen kritisieren den normativen Gehalt von TJ, ohne jedoch Lösungs- bzw. Verbesserungsvorschläge anzubringen. Auch wird nicht diskutiert, welche Folgen der normative Gehalt des Konzepts auf die nicht-westlichen Gesellschaften hat oder grundsätzlich in Frage gestellt, ob diese Gesellschaften das Konzept überhaupt annehmen können. Generell werden zwar die normativen Probleme erörtert, allerdings selten aus der Sicht der nicht-westlichen Gesellschaften, sodass es schwierig ist, zu sagen, wie diese mit TJ arbeiten und umgehen.

4. Fazit: Gegenüberstellung der Texte

Die beiden dargestellten Texte weisen sowohl viele Ähnlichkeiten, als auch signifikante Unterschiede auf. Beide diskutieren dieselben Instrumente und Probleme von TJ; ebenso wird ein kurzer historischer Überblick gegeben. Allerdings gibt es im ersten Text keine exakte (Arbeits-)Definition von TJ, dafür aber im zweiten Aufsatz. Auch geht der Text von 2011 genauer auf die Begriffsdiskussion von TJ ein, z.B. auf seine begrifflichen Ursprünge, die Geschichte des Feldes sowie den Begriff der Transition. Die normative Dimension von TJ, die 2008 nur kurz erwähnt wird, wird 2011 genauer erläutert. Eine interessante Änderung ist, dass Buckley-Zistel im Text von 2008 sagt, die Basis der TJ-Instrumente stellen die Konzepte der Gerechtigkeit und Wahrheit dar, wobei sie 2011 die Basis von TJ als Gerechtigkeit, Versöhnung und Wahrheit ansieht. Sie hat hier eine neue Differenzierung vorgenommen und wiederherstellende Gerechtigkeit als Versöhnung angesehen. Man kann sagen, dass sie ihre Argumentation verfeinert, aber nicht grundlegend geändert hat. 2011 verfolgte sie ebenfalls mehrere Ansatzpunkte, da sie u.a. die feministische Sicht auf TJ eingearbeitet hat, dadurch wirkt der Text differenzierter als der von 2008.

Da beide Schriften unterschiedliche Ziele verfolgen, können sie als Ergänzung zueinander angesehen werden. Zusammen betrachtet, bilden sie einen guten und recht detaillierten Überblick über die verschiedenen Werte, Instrumente und auch Probleme von TJ. Allerdings bleibt die Kritik an beiden Texten dieselbe – in beiden Texten wird vor dem normativen Gehalt des Konzeptes gewarnt, insbesondere in den Resümees überwiegt dieses Thema, obwohl es in den eigentlichen Argumentationen oftmals unterrepräsentiert ist. Hier befinden sich noch Lücken, die für eine komplett stichfeste und nachvollziehbare wissenschaftliche Arbeit gefüllt werden müssten.

Abkürzungsverzeichnis

FriEnt   Arbeitsgemeinschaft Frieden und Entwicklung

ICC   International Criminal Court / Internationaler Strafgerichtshof

ICTJ   International Center for Transitional Justice

TJ   Transitional Justice

Literaturverzeichnis

Buckley-Zistel, Susanne. "Transitional Justice als Weg zu Frieden und Sicherheit. Möglichkeiten und Grenzen." *SFB-Governance Working Paper Series Nr.15*, Juli 2008.

Buckley-Zistel, Susanne, and Anika Oettler. "Was bedeutet: Transitional Justice?" In *Nach Krieg, Gewalt und Repression. Vom schwierigen Umgang mit der Vergangenheit*, by Buckley-Zistel-Susanne and Thomas Kater, 21-37. Baden-Baden: Nomos, 2011.